JN424960

그의 눈길

무념無念 김영일 시집

도서출판 **비움과 채움**

자서自序

온누리 가득한 빛으로
꽃도 사람도 나무들도 먼지들도
벙그러져 사랑스런 노래를 부릅니다
환히 웃기 시작합니다
이전에 늘 그랬듯이

앞으로도 앗아갈 수 없을 것 같습니다

잊어도 좋은 날들의 생각조각들
버려도 좋을 그습들
태워도 될 남루를
주워 모아 한닢 한닢
기웠습니다
골방이라도 닦다가 닳으면
버리십시오

2008. 3.
무념 김영일_()_

벼 리

1부 그리운 눈길로

3부 별빛으로 키질하며

1부

•

그리운 눈길로

그의 눈길은

그의 눈길은
단풍이 물드는 그 진홍빛
그늘에 가 있을 것이다
눈물처럼 맑은 하늘아래
푸르른 꿈 드리운 눈길
붉으레 물든 오솔길에 가 있을 것이다
가신 임 빈 자리에
바람은 흐느끼고
이루지 못한 꿈 낙엽으로 지고
허허로이
눈물 머금은 계곡물을 따라갈 것이다
그의 눈길은

2003. 11. 4

주름진 손길에

어릴 적 동네고샅 흙길에
꼬순 내음에 이끌리어 다가가
퇼 무렵이면
그 큰소리 무서워
백 걸음 넘게 물러서
귀 막고 듣던 '뻥!' 튀밥기

불길 살려 기계 돌리는
할아버지
이마엔 땀이 함초롬하고
아스팔트 바닥엔 강냉이 몇 조각 흩어져
구경하는 꼬마들도 없이
깡통이 옹기종기

마을 고샅에 줄줄이 이어져
아이 업은 아주머니들의 재잘거림과
재촉으로
땀 흘려 후줄근해도
신바람 우쭐
보람찬 활개 펴던 모습이
아니다

바지런한 손길이
내일은 어디로 옮겨야 할지 모르지만

충성이름패 단
질주하는 닭장차소리 넘어
해질녘 신촌골목에
뺑튀기
오늘은 가스 불길로 돈다.

1992. 6. 16

중추절에

아, 그랬었구나
파란 하늘도 이슬이 맺히는 것을
흐려진 눈가에
송글이 맺히는 그리움
당신의 빈자리였음에야
오늘 더 그랬구나
오, 우리네 삶이
풀잎에 이슬인 것을

어머니 당신이 안 계신
고향엔 달도 없고 별도 없습니다
내 몸에 안겨드는 그리움으로
내 몸은 아파오고
중추가절 아침에
어머니 당신이 안 계신 고향
적막입니다
목 메입니다

2003. 9. 11

을유년 새해에

이제 보입니다
거친 바람으로
부러진 나무 상처 보듬고
밤새 닦는 손길 보입니다

달빛 드리운 저 들녘
바스러진 갈대울음자국까지도
들립니다

무량한 햇살 머금고 숨터 오는 새벽
곧은 물살로 가없는 길 갑니다

더 이상
물러질 수 없는 사랑
시들 수 없는
빛나는 눈빛으로
나날이 처음
나날이 처음

2004. 12. 28

꿈

그대와 내가 맞들어
가을바람 얹어 걸러진 채반 위에
고슬고슬하게 생각 키워
걸림 없는 고른 터전을
이루지 못하랴

무작정 내미는 손길들을 받아
내 손길을 더해주는 일
밥 먹듯이 하며
자기 걱정 않고
꺼리지 않는 삶을
이루지 못하랴

1998. 10. 15

동지 팥죽을 찾다가

인사동 길
구성진 소리판
고등학생 젊은이들의
사철가며
이별가며
하도 이쁘고 대견해서
추임새 불어주다 해는 저물고

동지 죽은 보이지 않고
동지 팥죽 같은 소리만 듣다

종로에서
광화문까지
전철을 타고
화곡시장까지
동지 팥죽은 보이지 않고
동지 팥죽은 보이지 않고….

2002. 12. 22 동짓날

이런 꿈을

나에겐
이런 꿈이 있다
어린 아이들이나 어른들이나
개울가 풍덩거리다 몇 모금 마셔도 탈나지 않을
개울이 흐르는 곳에

그 옆에는 몇 뙈기 논과 밭 일궈
더불어 사는 피붙이나 벗들이나 사랑하는 연인이나
함께 나누어 먹을 정도로 곡식을 심고 땀 흘릴 곳

그 옆에는 그리 높지 않아도 되는 산
나무와 숲이 어우러져

새벽
이른 잠에 가분하게 깨어
신선히 온 우주를 마시듯
싱그러운 꿈을 씻는

그 옆에는
여럿이 더불어
한 백년은 넘게 웅글게 자란 느티나무 아래
땀을 식히면서 평상이 없어도 좋은 곳

그 옆에
그림 그리는 이들은 그림을 그리고
붓을 잡고 글을 쓰고
노래하고 싶은 이는 노래하면서
오래 익은 가락에 덩실덩실 춤도 추면서
목마르면 막걸리도 한잔 걸치면서

해가 지면 둘러앉아 하루 동안 땀을 기억해내고 어스름녘
시나브로
돋아나는 별을 바라보며
내일 할 일을 서로 나누면서
나름나름 잠들고 지내는 곳

그 곳에 살고 싶어라

2002. 7. 19

보세요

보세요
저 봄볕 아래
움트며 벙그러지는
산수유 꽃망울을
보세요
어둔 생각 씻고
절로 무거워지는
슬픈 마음 씻어내고
마냥 뛰 닫는 운동장의 강아지처럼
안간힘으로 걷고 있는 저 환자를 보세요

이제 새봄의 기운을
찾기로 다짐하며 걷고 뛰는
저 노부부들의 다정한 손목을 보세요

하루 하루
희망의 싹을 보세요

2002. 3. 5

들길 따라

서울 발산동 논두렁
성금성금거리는 두루미와
나빌거리는 나비와 같이 걷는다

동동주도 나란히 마시고
들길 따라 둘이서

아카시아 잎떼기
가위 바위 보

한걸음에
한 잎 떼고
한걸음 떼고
한 잎 폭으로

서울 발산동 논길
아내와 나란히 걷는다
들길이 되어가는 아내와 함께

2001. 6. 5

안부전화

"거그 비 많이 왔어요?"

"깻모도
꼬추도 솔찬히 쓰러졌다"

"서울 아파트
막 어개진다는디
너그는 어쪄냐?"

"비 많이 쏟아질 때
소담이보고
애기 데꼬 못나가게 히라-이-"

뭉게구름 멀리 남쪽

"어머니,
서울하늘에 뭉게구름 떴어라오"

* 어개진다 : 무너진다

1995. 7. 25

박차고 헤쳐 나오니

해 바뀌어도 아직 신미년
음력 섣달 초여드레 양력 정월 열이틀
집채만한 호박덩이 꿈 안고
시골 할머니집 마당가득 호박 꿈 안고
열 달 동안 도담도담
엄마고통 이겨 아빠손길 모아
보름 일찍 아가 덩실 나왔구나

고추 달고
온 밤 뜬 눈 밤부터 아침까지
환히 동틀 무렵 덩실 나왔구나
옹송그린 살림터에
꿈 안고 환한 해 안고
새 누리 띄울
큰 기운으로 소리지르고
덩실 박차고 나왔구나
아가

1992. 1. 12 : 음 12. 8 *둘째 아들 한창이를 낳고

운곡 할머니

봉선奉先하며
깊은 골 사슴처럼 사시더니
할아버지 먼저 세상 뜨신 뒤
혼자 살기 무서워
읍내 자식 집에 얹혀 사시다가도
늘 시아제 안잊혀

서울서 어찌 사시나
오랜 고생 마다않고
바른길로만 걸으신 시아제 안잊혀

운곡서원은 누가 지키랴
잠 편히 못자고
하루도 편히 못자는 시아제 안잊혀

금방 왔다 금세 가는 시아제
팔순의 노구로 달음질쳐

내 집 아니라
밥도 못 챙겨주고
기양 가신다요?
어쩐다요 시아제

신발도 안 신고 내달려
8순의 허약한 몸으로

이것만이라도
이것만이라도 갖고 가시오
시아제
끼니는 굶지 마시요이
꼭 꼭 끼니는 챙겨 잡슈쇼이

어쩐다요 이렇게 되얐으니
이리 헐 수 할 수 없이 되얐으니
어쩐다요?
꼭 끼니 굶지 말고 잘 잡슈쇼-이

꼬깃 꼬깃 접은 돈 만원
건네는 갈쿠손으로
건너온 돈 건네주는
운곡 할머니

2001. 4. 5.

그곳엔

그곳엔
아직 파릇파릇한 싹이
돋아나고 있다

찬바람
바닷바람 거세어도
내달리는 꿈들이
오롯이 묻어있다

먼 바다로 이어지는
든든한 힘살과
된바람 막을 훈훈한 손길
쓰러질 수 없는
흙내음 결은
다사로운 손길이 있다

꿈을 일구는 손길이 있다
그곳엔

2001. 3. 3 서산, 장경희 화가 부부를 만나고

초등학교 동창

바라지 않고도 그리웁다 너희들 잇속과
맑은 얼굴을 바라보면
흐린 잿빛 서울하늘에 파란 물이 든다
사랑이라고 안해도
세월이 가도 잊히지 않게
날로만 날로만 익어
향내 나는 우리의 우정이야
밤을 새지 않아도 새벽이 되고
가슴 안지 않아도 마음 오진데
너만 바라보아도 우리가 되고
우리를 다 안아도 굽히지 않은
쪽빛순결
말이 없이도 웃음 머금고
질리지 않게 은은히 향내 깔고 간다
낙엽 같은 색으로도
먼 먼 길 쉬지 않고 가는
억새꽃빛 담고
더욱 더 낮아지고
때론 우뚝 하늘이 되고
들이 되고
잔잔한 내가 된다

1998. 10. 22

그를 보면 힘이 난다
- 벗 조남형에게

그를 보면 힘이 난다
그늘을 벗어버리고
늘 당차게
나아가는 사나이가 있다

쉼 없이 일하는
땀의 소중함 안고
새벽 다섯 시 반이면
어김없이 박차고 일어나
2.5톤 트럭에 올라
골목길을 누비며

이른 새벽부터
부지런한 일꾼들 앞에
다정스레 인사하며

경기 포천 땅 공장에서
생산해내는 비닐원단을 도매가게 앞에 내려놓으면
아침 해가 떠오른다

농투사니 새벽일을 고스란히 이어받아

지치지 않고 당차게
새벽 1시간 반을 몸 부리고 나서
아침을 먹고 가게에 들르면

히말라야 삼엄한 봉우리
그 산악인의 기상으로
하루를 시작한다

* 그런 당당하고 건강한 친구가 산을 좋아해 암벽등반하다 사고로 2006년 1월 갑자기 세상을 떴다. 한조각 구름이 일어나 사라지듯. 인생무상이다. 더 좋은 세상에서 복락 누리기를 빈다. 나무아미타불 관세음보살지장보살_()_

2002. 6. 5

귀향

길길이 기다림과
그리운 허기로 요기하고
빗물로 빗질하며 닳은 고향
오늘 더욱 초췌한 낯에
등허리가 굽었다

눈물어린 꿈이 아슬아슬 버티고 선
굽어진 마루 보 아래
닳아진 술잔이라도 앉히고

기룬 숨결 밭아진 고샅길
황톳빛 정성으로 웅숭깊게 거름되는
보름달 띄우고 난 뒤

지레치기로 날 새면
그늘조각들 씻어내는 살진 햇살이
쓰러진 벼들의 어깨 위로
꽃비처럼 부서지리라

1999. 10. 5

종로 백범

- 운곡 김석원 선생

핏자국 가시지 않은 옷자락
거리에 나부낀다

그의 외침은
아직 철조망에 걸려 있다

해질녘에
바스라지고 헐벗은 몸 얼어
겨울 산을 흔들어 녹이다가

어둠 드리운 뒤에도
쉬지 않고 수행하는
폭포 숨소리 듣고 밤새도록 깨어

이내 그리움으로 여윈
햇살 안고 단장심斷腸心으로
눈물 닦는다

1999. 12. 6

눈물 그 뒤

- 운곡雲谷 김석원金錫源 선생님을 뵙고

보고 싶어
보고 싶어
펑펑 우시더니

앞니는 세 개나 빠져 말씀도 새고
뭔가 해야 할 일 쏟아놓고
거두기 어려운 말씀

안타까워라 덧없이 의혈청춘
어느새 칠십 육세
초조와 통한으로
선생님 오늘 더욱 머리 희여지셨다

성균관과 성균관대학
성균관재단과 성균관유도회는
그 역사 뒤집힌 채로 폭력과 패도의 잔재 그대로인데

친일무리 강강히 뿌리내려 씻어내기 하 세월
부정한 위선의 숲 그대로인데
더듬더듬 길 찾기 어려운 선생님
오늘 너무 수척해지셨다

해야 할 일 덩그마니 드러나 당당히
빛 보아야 할 선생님
오늘 너무 늙으셨다

늙은 몸 유폐되는 자유
흐르는 눈물
깊어지는 고통

2002. 5. 10

강은기 선생

1.
복수는 더 차있고
누워있다가 생사의 고투를 벌이고 있는 당신은
그래도 일어나시는군요
황달기는 내리지 않고

할 수 있겠어요?
힘드시면 누워계세요

그러나 사명감인지
침대를 올리라며 일어나는군요

췌장암 말기
당신의 고통을 아는 이 누구인가요?

2.
입원 네달째
항암 투약을 기다리는
이제 막 예순을 맞은 당신에게
만남이 단절되고 있는
당신은 이렇게 말하고 있군요

가장 가슴 아픈 것은
내가 지금 아프다는 것

최후의 날이 다가올 지도 모른다는
의사들의 진단에도

오늘 의연히 일어나
꼿꼿이 앉아서 얘기하다가
다시 꼿꼿이 자세 갖추고
다섯 번째 인터뷰에 응하고 있군요

가장 고통스러운 때
가장 고통스런 용기로
오늘 의연히 인터뷰에 응하고 있군요

* 결국 그 해 강은기 선생은 별세하시고 민주화기념사업회 자료로 일생이 남겨지게 되었다.

2002. 10. 5

신명

아버님과 꽹과리

이 땅의 비애悲哀와
천상天上의 해탈解脫이 만나는 화원和原

그 들바람 걸러 이울치는
순수의 혼魂

1985. 1. 7

사위어가는 꿈 일으켜

어머님,
쩌렁쩌렁한 햇살
눈부시게 푸르른 가을하늘 아래
햇살 흐드러지게 내리고 있군요

아버님,
들일에 쉴 겨를이 없이
설움은 바람결에 훔치고 안추르시며
뒤란에 의젓이 흙담 버티는 감나무
노오란 감처럼 가을걷이 하셨는지요

먼 눈길
아스름한 고향들녘 고추밭 풀섶
논둑에 뛰노던 메뚜기며 왕치며 풀무치
이젠 찾기 어렵다지요

아버님
투박하고 크신 그 무서운 손
일에 겨워 허리펴면 언제나 눈길 닿는
고부 두승산과,
한숨 돌리고
해지름때면 묏부리 더욱 또렷한 변산,

그 자락으로 이어져 정갈하게 솟은
씨알들과 녹두장군 큰 활개 가로지른
동진강 물결로 갑오년의 의기로 숨결 이어온 들녘

아버님 어머님,
아둑한 새벽부터 희붐히 동살 비칠 때까지
한나절 일거리하며 늘 아껴 자식들에게 가는 마음
호밋길 앞에 드리운 이 햇살로 한모숨 안아 쉬세요

거두어도 빈마당인 농사
당신의 생애만큼 까슬합니다

아버님,
아이들도 어른도 없는 집
블록담 바스라지는 고요한 마을에
어릴적 마을을 휘감던 그 휘드러진 상쇠소리
언제나 들을까요?

달빛 아래 밤새워 골목마다 웅얼거리는
새순처럼 솟는
아가울음 되살아날 날 언제일까요

집집마다 문열려 걸림없이 오가는 이웃끼리
일품 나눠 들일 끝내고
무르팍높이 아트마한 마루에
풋상 덤뻑 어울리는 살가운 이웃끼리

명대로 살다 돌아가면
구성진 어허넘 어허허 넘
땀에 젖은 상여소리로
나남 없이 언지나 북돋고 살까요

아버님, 어머님,
푸석하고 휘진 들녘에
기운찬 바람 언지나 일어날까요

1991. 10. 17

야단맞아도

외손자 낳았다고 기뻐 달려와
돌보는 장인 장모에게 야단맞는다
왜 이렇게 늦느냐고
해도해도 너무한다고 칠순 노인이
해내는 소리를 옷 다 벗지 못하고 듣는다
밤 열한시 퇴근시간
어제는 언론학교에서 언론자본유착을 질타하고
오늘은 소리터에서 판소리를 지르다가 늦었다
내가 다시 어떤 맞말을 하랴마는
가슴에 박히는 저 썽을 삭인다
칠순의 굳은 생각을
헤쳐 나가는 나의 발길과 아내와 아이들을
들여다보며 삭인다
버릴 수 없는 꿈이여, 살림살이여,
일주일째 같이 지내는
집이 없어 헤성한 잠자리에
막내딸 아들 낳아 벅차 있는 장인 장모님한테
야단맞는다. 왜 늦느냐고

1992. 1. 23

한창이 돌

아버님은 못 오시고
어머님과 누님이
싱싱한 부안장에서 흥어며 생선을 사오고
김치도 맛갈스럽게 담아
보따리 보따리 들고
서초동 남부터미널에서 서쪽 끝 화곡동으로
손주녀석 돌잔치
먹을거리까지 준비하고
멀리 경상도 예천에서 이모님도
전라도 남원에서 7순 장인 장모님도
오밀조밀 보따리 들고 오셨다
좁은 반지하방에
부석부석 술자리 벌여
발 뻗고 편히 잘 잠자리도 없어도
옹송그린 채로
마주하며
서로 세월을 읽는다

1992. 12. 31

반달을 보며

한창아 창너머 달이다 반달
응?
반달- 반달-
응?
반-달, 반--달

소화병원 516호실

한창아
엄마가 그리워
아빠가 그리워서 아픈거지?
엄마품에 종일 있고 싶어서 아픈거지?
한창아
창밖의 저 반달을 보아라.
칠월 칠석이 지나 아흐렛날 밤이구나.
보름달이 되면 퇴원하겠지?

1993. 8. 26

성난 눈발이라도

네 살 딸애의 거침없는 말

" 아빠! 일어나,
일어나, 어서 일어나!"

일백오십여명의 입김과 콧김으로
뿌-연 시내버스 안
차창을 닦고 본다
눈
눈
눈
눈
눈
눈
눈

성난 눈으로 깨어
달려갈 땅은 어디인가

1990. 12. 11

아가의 눈길로

개나리 눈부신
사월 오일 한식
뒷산 진달래 옹숫옹숫 불 붙는데

두 달 지난 아가와
온몸 벙글
눈 맞추면 온 하늘을 안을 듯
초롱초롱
손짓 발짓 온 땅을 감쌀 듯
자고 나 칭얼이다 배부르면 놀고
자다 사분히 눈떠
새소리 옹알옹알 환한 웃음
초롱한 눈망울

한줄기 살피햇살 겨우 드는 반지하방
살지는 봄볕을 밖에 두고
손길질 발길질 아가와
해지는 줄 모른다

1992. 4. 5

햇살만 아니었다면

나무숲 그늘 사이
솔가지 참나무 잎새 사이
휘울어치는
햇살이 아니었다면,

아침 숭숭 온몸에 스미는
햇살만 아니었다면,

아내여!

허겁 허겁 뱃속의 애와 등위의 딸아이와
종종걸음으로 가는
그대 뒷모습

깨인 햇발로 애리는 아침

1991. 10. 8

어머님 49재齋에

어머니
당신이 어이없이 느닷없이 가신 뒤
저희들 자식들과 아버님과
슬픔에 겨워 눈물짓다가
이제 겨우 정신 들어 당신 묘소 앞에
모였습니다
오늘이 어머니 당신이 가신지 사십구일 되는 날
사람이 나서 살다 가는 게 피할 수 없다지만
어머니 당신은 너무도 허망하게 가셨습니다
누구나 갈 길을 너무도 쉽게 가셨습니다
우리에게 너무나 큰 슬픔을 남겨두고
우리에게 너무나 큰 아픔을 남겨두고 가셨습니다
우리에게 너무나 큰 사랑을 주고
가셨습니다 당신은
사랑이 무언지 모를 정도로
당신의 모든 삶에 드리워진 사랑을
이제 당신이 가신 뒤에 알게 되었습니다
어머니 당신이 생전에 베푸신 그 은공으로
당신은 이제 새로운 생을 누리실 것으로 믿습니다
훌훌 가신 당신의 그 빈자리에서
이제 자식들 눈물 거두고
당신이 못다한 일을 저희들이 하겠습니다

어머니 생전에 베푸신 선덕으로
천상에 새로 나셔서 극락왕생하시길 간절히 빕니다
천국에서 영생하시길 간절히 빕니다
종교의 차이를 넘어서 신앙의 차이를 넘어서
우리 자식들 한마음으로 간절히 기도 합니다
부디 천국에 가셔서 이승에서 못 이룬
복락을 이루소서
부디 극락왕생하시어 이승에서
못다한 모든 복락 이루소서
어머니,
이제 오늘로 당신은 이승을 멀리 떠납니다
언제나 사라지지 않을 그 길로 가셨습니다
어머니 가면 오고 오면 또 가는
그리하여
가지도 않고 오지도 않을 그 길로 가셨습니다
어머니 이제
당신을 보내 드립니다
완전한 자유의 누리로 가실 것을 믿습니다
아직도 당신의 미련과
당신의 사랑에서 헤어나지 못하는 자식
어머니 이제 당신을
보내 드립니다

2003. 6. 22

애원

선배님 저 김은정이예요
96학번이고요
영어잡지ㅇㅇ사에 오늘 처음으로 입사해서
전화 드리는 거예요 떨려요
아침부터 연습했는데
영어와 일어 중 어떤게 관심이 있으세요
……
선배님 이 과정이 통과돼야 해요
저쪽에서 주임님, 과정, 부장님이 다 보고 체크하고 있어요
저에게 기회를 한번 주세요
제가 첫 월급 타면
엄마, 아빠 내복 사드리고
선배님 빨간 양말 한 켤레 사드릴게요
……
저 어때요 잘 했어요 처음인대요
여보세요 저 옆에서 보고 있는 주임인대요
김은희에요
저는 92학번이에요
잘했어요?
　　　네.
선배님 은정이에게 기운 좀 주세요
한 달에 12,200원씩

술한잔 안마시면 되잖아요
있어도 그만 없어도 그만 아니에요
....
　　저는 이런 전화 여러번 받았어요
　　보지도 않고 지금 계속 들어가는 게 있어요
　　집사람한테 야단맞고 있어요
....
선배님 저는 고객이 1,000명이에요
첫 고객이 되어 주세요

1999. 10. 4

척수를 빼며

입원 후 벌써 세 번째
척수를 뺀다
새우모양으로 몸을 오그리고
사지를 오그리고
고개를 가슴팍에 붙이고
세 살박이 딸아이

혼신의 저항을
온몸 사지를 눅이고 척수를 뺀다
흥건히 흐르는 땀방울
자지러지는 울음

그 울음 재워
새우 기름을 짜듯
척수를 뺀다
오, 영롱한 통곡!

1990. 9. 10

나무들이 울고 있었습니다

나무들이 울고 있었습니다 소리없이
무거운 돌로 짓 박힌 가슴 안고 서서
울고 있었습니다

도토리나무, 상수리나무, 은행나무, 밤나무
봄부터 여름 내내 남모르게 커온 풍채에

마구 바윗돌을 들어
가슴팍을 마구 부숴대는 사람들에게
아무 저항 없이 당하고
우두커니 서서 울고 있었습니다.
속으로 소리 없이

1999. 10. 10

석류편지

- 生從何處來 死向何處去

들국화 가을 향 내뿜는 가을인가 봅니다
하는 것 없이 시간만 흘러갑니다
맡은바 업무에 시달리면서도
날 기억해주시니 무어라 고마운 마음
표할 길 없습니다
연휴가 되면 언젠가
한번 다녀 가셨으면 합니다
선방대중禪房大衆의 권유에 못 이겨서 이제는
살림을 맡고 있지요

가을

가슴 뿌듯한 기도처럼 터지는
저 붉디붉은 석류石榴처럼
문득 창밖에 까르르 쏟아지는
온통 여문 햇살을...
석류처럼 영글어가소서

보내온 것 이곳에도 남아 돌아갑니다
이제는 이런데 마음 쓰지 마세요

안녕安寧!

산사山寺에서 정귀正歸 합장合掌
동리산태안사桐裏山泰安寺

1987. 10. 12

적막寂寞

모든
물상物象들이
풍요로운 꿈을 소롯이 접어두는 밤

한풍寒風으로
이지러진 회월晦月의 어스레한 발광發光

긴-
가람의 훈풍薰風이 그리워
안기듯 나는
한 기러기 소리 자취를 감추다

네
차가운
눈망울
내 가슴속에 애리어 올 때
난
차라리
영원의 정열을 갈구渴求하리라

아,
어머니의 손길처럼

다사로운 추억의 눈발……
대지에
하이얀 정밀靜謐이 깔려있다

---

* 고3때 교지 노송원老松苑에 게재

1976. 12. 20

무숙자無宿者

태양은 떠서 말없이 내려지고
저 달은 나타나 소리없이
이지러져 가더래도
다사로이 눈웃음하는
별들의 반짝임만 있어주면 족하지

네가 떠나고 모두가
미지未知의 가정假定을 방치하고 비껴가지만
머무를 수 없는 이역異域
한 모퉁이에 주저앉아
누워버릴 용기로
다시 일어설 바람이라도
한 줄기 흔들어주면 족하지

가슴으로
가슴으로
파헤쳐 들어오는
황야의 울음소리 우에
부여잡고 이야기 할
풀 한 포기 나 있었으면…

그리움을 향한 목메임이여

혼돈한 사념 속
엉기는 광장에서
손톱으로도 이겨야 하는
부셔야 하는 장벽을 넘어
갈 그대
그대의 발치에
작은 빛살 부시시 일어서려는
바다의 마음이 밀려오면

길은
어데나 항시 있으려니…….

1977. 3. 3

진혼곡

아직도 지다 만 꽃잎
한 부스러기 위에 올려진
이슬방울이 떨어지면

빛이 보이는 염원으로
가슴 가득히 파열하는
독신자의 혼

꿈마다 모질게 연접連接되는
파문이
새벽녘에 이르도록
시간의 수레바퀴 따라
밤마다 약속받은 전율戰慄로
촛불이 되는 아픔

오늘의 깊은 침몰로
떠오르게 할
고봉高峯의 숨소리는
내 귓가에서 멀어지고
무덤가에
하나의 기다림만으로
피고자 한 꽃,

그 기다림마저 퇴색해버린
임종 저편에-

보이지 않는
숭어의 몸짓
누가 이름 할 것인가?

아직
다 타지 않은
젊은 영혼이여!

1978.《원추리》2집

2부

●

세찬 물살 저어

가는 것은

가는 것은 낙엽뿐이 아니다
자고 나면
가는
젊은 양심들…

1990. 12. 13

분노에 대하여

보일러가 터져
보일러호스가 터져 짐을 꾸린다
올해 두 번 장롱을 나르고 짐을 꾸린다
벽에 습기가 차서 눅눅히 젖은 벽지를 찢어내 다시 바르고
나니
이제 방바닥이 터져

전세 천오백만원에서 이백을 올려
반지하방에서 이사 가지도 않은데.
벽지를 다시 바른 지 두 달도 안 되어
짐을 꾸린다
일 끝나 돌아온 아내와 투정으로 짐을 싼다

다섯 달 된 아들아이와 여섯 살 딸아이는 처남댁에 맡기고
책을 싼다 집 없이 사는 이의 분노를 싼다
아니 날림공사 겨우 일 년만 넘길 정도로 만든 업자들에 대한
분노를 싼다

텅 빈 방 장판아래
파놓은 흙덩이에
자갈도 없이 바스러져
수렁인데

짐을 꾸려 방밖에 내놓고
비닐로 감싸놓은 뒤
비가 온다

이제 모내기철
시골에서 단비인데
우리살림집기에 비는 내린다

공사 백오십만원 일거리를 맡은 아저씨들과
쉴 참에 막걸리를 건넨다

"돈은 건축업자들이 벌지
우리는 돈 못 만져요
시의회의원 나온 사람들 다 집장삽니다"

하자보수기간 1년을 바듯이 넘기면 터지는 방에서
우리는 산다

셋방에서 떠밀려
처남댁 셋방에서 잔다
지난겨울에 샘처럼 솟던 물 퍼내고
보일러 다시 고친 처남댁에서

걱정스런 그때를 떠올리고

우리의 살림살이 다 내놓고 난 다음날
비가 내린다
비가 내린다

1992. 5. 11

분노의 삽

너 오늘 몇 천 번의 공과로
눈을 부릅뜨고
예리한 비수 안고
탄가루 자욱이
지척이 보이지 않는 지하 막장
이 삼엄한 동발 숲새로
깊이깊이 분노하는 삽이여 !

너의 도로徒勞에
오늘 참회하라.

몇 백 번 몇 천 번의 활개로 다가올
굵은 손아귀에 쥐어질 대폿잔
그 투박한 노을로
오늘 참회하라, 삽이여 !

---

* 동발 : 탄 캐기 위해 설치하는 생통나무(6자~7자)

1986. 1. 11

고백

아니오,
그렇게 생각한 적 없어요
노동조합 지부장 개인이
놀고 지내는 안온한 명당자리라고는
털끝만큼도 생각해본 적 없어요

반길 이 없어도
우리의 사랑방에 들어오면 5분도
편안한 맘으로 고개 붙이고 쉰 적 없어요
단 한번도

아니오,
이 노조지부장 자리 감투로 알고 자랑해 본적 없어요.

언 손 녹이고 닫힌 맘 여는
작은 입김 되고자
하루도 지루하게 지내 본 적 없어요.

더불어 함께 외치며
늘 홀로였던 나날들
설움과 분노와
비겁과 아픔을 달래며

흔들리지 말고 굳게 가자고
스스로 다짐한 것밖에 없어요

홀로 울분 달래며
마신 소주로
홀로 울분에 겨워
끼니 거르며 깎인
쓰린 속
야윈 몸밖에 없어요.

1995. 12. 8

멍든 봄

잔잔히 귀를 울리는
힘내라 맑은 물
전경옥 노래 읊조릴 즈음
나는 관속으로 들어갔다
귀를 막고
이대목동병원 뇌신경센타
공명진단검사 엠.알.아이 검사실

이렇게 죽음을 준비하는구나
죽으면 이렇게 들어가겠구나

하루가 다르게
하늘로 오르는 아파트 공사장
철근 박는 소리처럼
내 머리 주위에 쿵쿵거리며
어두운 관속에서
자기공명진단을 받는다
육십 이만 칠천 육백 원짜리 와선臥禪을 한다

2004. 1. 3

뜬 눈 뜬 달

날 지고
날 새고
밤 새고 데꾼한 헤진 옷자락
최루탄가스 쩔은 그대 신발

오, 지칠 줄 모르고
떨쳐나가 저 새벽달 밀고 오는
뜬 눈의 밤을 떨친
눈 뜬 저 풀들의 활개를 보라

어느새 이슬로 씻고 나온 새벽달을
보라

빛고을
새 날로 트고야 말
우리의 뜬 눈 뜬 달

밤새 외쳐 부은
목. 숨으로

1991. 5. 23

회문산의 순결

- 한 여성전사의 순례

힘들지 않아요 괜찮아요
가뿐해요 올해나이 일흔일곱이예요
몸과 마음이 그때 붙은 이력대로예요
오십 년만에
몸 바쳐 싸웠던
고향 산천 회문산에 왔어요

간밤에 한숨도 못자고
소풍가는 아이들처럼 설레며
밤을 샜어요

동지들과 피어린 산천을 보고파
산화한 동지들에겐 저는 죄인이에요
오늘 무지랭이들만 남아 여기 왔어요

스물두 살에 산에 들어와
남편과 결혼하고도
손도 제대로 잡아보지 못한 채
함께 전선에 나섰어요

그 후 그 분은 어찌되었는지 몰라요

저는 아직도 그때 그 나이
스물두 살 처녀예요

2001. 6. 17

전쟁 공습 소식에

이라크에서
한반도까지

전쟁반대의 절규 속에서
전쟁 공습소식에

가위눌린 나무와 나무들 사이
사람과 사람의 공포와 탄식사이

움츠린 산하의 꽃들
낮곳에
핏빛이 묻어 있다

2003. 4. 3

리조트 비가悲歌

바리캉으로 밀어재친 머리처럼
민둥산
여기는 무주리조트

산의 순결을 짓밟은
너와 나
피흘리는 참상 바라보며

이웃 산이
메아리친다

　사람들아
　사람들아
　환락을 줄여라
　욕망을 내려라고

1995. 7. 17

에-달-고

상여를 메지 않아도
저 눈부신 햇살 아래 이제
막 봄눈 뜨는 들꽃들

잿빛 얼굴로
여기 묻힌 자 옆에
통곡하는 미망인과
어데 마음 둘 데 없이 초점 잃은
아들과 딸

나지막한 굿 속에 동지의 관을 묻고
한 삽 뿌리면
활짝 피는 개나리도
한 잎 지고야 만다.

삽을 들고 선소리로
에-달-고
둘레 둘레 퍼지는 소리
목이 잠겨

마흔 두 살 인생 마감하고
에-달-고

동지들이 둘러 싸 못등 다지며
이승 애원 달래보며
극락왕생 빌고 빌어
에-달-고
에-달-고

1996. 3. 26. 동지를 묻고

밑씻개를 태우며

한 열흘 모아진 밑씻개를 태운다
집 앞 빈터 흐트러진 판자조각 집기 옷뭉텡이
빈터에서 하얀 휴지 구겨진 밑씻개를 사룬다
여유도 바탕도 없는 서울에서
널려 있는 새끼조각도 갖다 태우고
옆집 쓰레기봉지도 불을 붙인다 타지 않는 것은 우리의 것이
아니다 저 델몬트쥬스,
껍데기에 싸진 은박지 바나나 뭉쳐진 달거리 싸개도 마침내
탄다 연기를 내며 탄다
부지깽이로 구슬려 이리저리 뙤작거려 태운다
다연발 독성 최루탄 가스에 비하면
너무나 고소한 연기
2만여 젊은 학도들의 성난 눈길들을
외침을 떠올리며
하루도 안 된 죽은 자식 앞에서
부모들 슬픔 재운 핏빛 외침소리 되새기며

1991. 4. 28

이 땅의 참꽃

꽃이 진다
스무 해 즈믄 해 키운 꽃
불꽃 일으켜 진다
큰 바람 몰고
시든 땅 잠든 바닥에
온갖 바람 일으켜

썩어가는 그 수만의 핏줄
수천의 뼛속 사르르 흔들고
꽃 꽃 꽃이 진다

매초롬한 눈매
눈물 그득 안고
뜨거운 손길 거두고
다시 피어날
불씨앗 묻고 꽃이 진다
세찬 불꽃으로
숨차게 꽃이 진다

1991. 5. 1: 전남대 박승희 분신소식에

너무 늦다
- 잔재를 청산하기에

독버섯 우에 핀 기계독같은 기록과
안양천에 고인 오염물 거품같은 찬양물들
그걸 바라보며 눈도 씻고 낯도 씻고
화장도 바르고 사는 이들
이들의 머릿속에 그득 고인 쓰레기더미 기록들
지우기엔 오늘은 너무 늦다

피로 덮은 찬탈
총으로 가린 역사의 궤적에 흥건히 토해놓은
양주 먹고 게워낸 국수가닥만도 못한
그놈과 놈들의 위업을 지우기엔
오늘은 너무 늦다

양심과 민족을 팔고 찬탈한 조국의
하늘아래
너무도 관대하게 묻힌 그놈의 무덤 앞에
줄지은 무지와 퇴행을 멈추게 하기에
오늘은 너무 늦다

곳곳에 현판과 게시판과 플래카드와
비석글 모든 흔적을 지우기에

오늘은 너무 늦다

그 놈의 생존 년대에
배가 단련된 반목과 증오와 지역감정과 파괴와 사기와
파렴치와,

빈익빈 부익부와 단란한 타락과 가정파괴와
실업과 잔학이 전역에 오염되어 있으니

오염된 그 자리에서 머무는 놈들을
깨우치기에
오늘은 너무 늦다

2000. 11. 9

한겨레신문사 집들이에 다녀와서

아주머니들 많이 드세요
동네 어른들 더 많이 모시고 오지 그랬어요
환합니다 만리동 언덕에
사년동안 주주들의 한푼 두푼 모아 이렇게 덩그렇게
집 마련하여 집들이하는데
많이 드세요

우린 초청받지 않은 주인
국민의 원성은 아랑곳 하지 않고 추곡가동의안이며
모두 오밤중에 날치기로 처리하고
온 자들이 잔치 상에 있지만

이름패 없이 꾀죄죄하게 왔어도
우리는 떳떳한 이집의 주인
코 묻고 때 묻은 돈 모아
우리가 세운 이 집 아닙니까

아주머니
차린 것은 맘에 없지만
막걸리에 걸쭉한 김치도 없지만
축하음악이 우리가락 진도아리랑이나 성주풀이도 없지만
저 쓴 양주에 뷔페음식이라도 달게 드십시다

1991. 11. 29

두려워 마라

산기슭 응달에 웅크린
벼락 맞은 너희들의 시신을
두려워 마라
변산 갯벌
환장하게 솟구치는 바람처럼
이 장엄한 사랑을
열정으로 그득찬
우리의 손길을 두려워 마라
온 들녘 그득 일어서는 파릇한 사랑을
너희들
어둠의 시신을 강고하게 지녀온
이 쓰레기 신문들의 시신을
두려워마라
불처럼 타오르는 온 들녘
아지랑이처럼
우리들의 사랑 진정한 사랑을
두려워 마라

2001. 4. 4

3보1배

- 여의도에서 아현역까지 동참하며

3보를 걸어 1배하면
살려 주세요
갯벌 새만금갯벌 살려 주세요

야윈 몸과 검게 그을은 얼굴들
길게 자란 수염으로 눈물로 인사하며
290여 킬로를 행진해온 임들의 기도로
부안에서 서울까지 밀고 왔군요

오늘 섭씨 32도 열기의 아스팔트
여기 서울여의도에서 아현역까지 3보 걸어 1배

살려 주세요 새만금갯벌을
서울의 매연을 다 마시고도
살려 주세요 새만금갯벌
3보 걸어 1배로 땀 젖어 흐르는

사랑이 길위에 평화가 길 위에
투신과 참회로
아, 이 매연의 서울거리에
아, 이 예토의 서울거리에

우리들의 탐욕 우리들의 개발 우리들의 죽임
3보 걸어 1배하며
이 몸 낮춰 사랑으로 바치나니
몸 부리며 참회하나니
3보 걸어 1배하면 아 여린 생명들 가득 안아
가신 임의 길에도
급히 돌아가신 어머님의 저승길에도

3보 걸어 1배
살려 주세요
임의 길 사랑의 길
평화의 길

2003. 5. 28

상경上京

흔전만전 밭뙈기 가득
배추포기는 서리에 시들어 뜯어 먹일 가축도 지친
이 밭에 아예 갈아엎어 땅속에 묻어두어야 하는데
이 일마저 할 의욕이 나지 않는데

농민회 우리들 머리띠 질끈 동여 대막가지 다듬어
깃발 맹글어 전세버스를 빌려 상경을 한다
결코 꿈이 아닌, 나들이가 아닌
직장살이 공장살이 아들 딸 알리지 않고
집안일 들일 차림새 그대로 차에 탄다

이제는 이판사판이여
너 죽고 나 죽자 ○샘이고 누구고
이제 절딴내고야 말거다

서울이 좋아서 가는 게 아니다
손주 녀석 돌잔치도 아니여
마을 떠나 헤어진 동네 이웃치 회갑잔치에
가는 게 아니여

앉아서 오그라 죽느니
서서 싸우다 죽을 거다

똥싸러갈 때와 똥싼 뒤 다르니 누구를 믿을꺼시여

우리가 나서는 수밖에 없어
학교 문 앞에도 안 갔지만
남한테 해코지 않고 땅만 일구고 알곡 심어 거둬
자식 가르치고 여의살이 다 시켰는디

코쟁이들에게 쩔쩔 매고 이 나라
농민들 피울음바다인데 뭐했단 말이여
애써 피땀 흘려 번 돈 세금 꼬빡 내주고 한 것은
너희 나라 머슴들
나랏일 잘하라고 헌거 아니여

이젠 믿을 수 없다 너희들에게 맡길 수 없다
우리가 우리 땅 지키고
우리 쌀 막아 낼테다
언제 우리 뜻 담아 풀어 준 적 있더냐
웃기지 마라

쌀, 콩, 보리, 조, 수수 죄다
우리가 지키겠다
비켜라!!

1993. 12. 7

우리들의 오월은

역사가 당장에 바로 뒤집어지지 않더라도
역사가 단번에 바로 될 수 없어도
끝내 반걸음
밤낮 더 매진하여 한걸음 나아갈 일이다

산야에 저 풀꽃들은 어찌하여 죽고
또 피고 나는지
죽음을 통하여 사는 일임을

육신의 탐욕을 정화하고
권력의 무자비함을 다스려
방자와 무지와 무명을
깨닫게 하고
비겁하고 나약한 마음을
일으켜 세우고

쓰러지는 자 일으켜
더불어 함께 안고 가는 일이다

내려놓을 수 없는 분노를 안고
방심하지 않고 눈 감지 않고
쉬다가도 벌떡 일어서서

달려가며 지치지 않게 걸으며

역사의 비탈길에 버려진
저 피투성이 옷을
정성들여 조금씩 빨아 입고 가야 할 일이다

학살자의 총을 녹여
기어코 보습으로 만들어 가는 일이다
오월의 꿈을 이룰 때까지는

1999. 5. 18

우리가 광복이었다면

우리가 광복이었다면
길마다 채이는 철조망에 걸리지 않았으리라
눈물로 심어놓은 무궁화 꽃들이
후미져 초라하진 않았으리라

우리가 해방이었다면
가고 오고 오고 가는 길목에
총 들고 막는 이 없이
명산과 맑은 가람으로 흘러 만났으리라

우리가 독립이었다면
제 몸 살기로서니
이웃을 죽음으로 내몰고
그것도 대대로 영화를 누리는 패륜의 역사
반역의 역사는 끝났으리라

우리가 진실이었다면
부끄러운 낯달이 되진 않았으리라

1999. 8. 15

방패연을 날리며

묵은해 새해 되도록
어지러운 땅 새순 돋을 땅 되도록
이겨온 날들의 아픔과
땀으로 이어진 설움을 이끌고
이제 잔잔히
돌 틈새로 쉼 없이 흐르는
언제나 흐르고 있던 물줄기 찾아
눈길 온통 모아 동심 일으켜
아스름히 띄워 보낸 방패연

소리 질러 발아래
서울시가지 내려 보며

임 따라 천리라도 만리라도
갈까부다 갈까부다

민주언론만세
참언론만세

1993. 1. 31

자랑스런 과부촌

제주 성읍마을엔
정랑 네 개짜리
집이 대부분이라는데

오롯이 남은 한옥
억새짚으로 씌운 과부댁 몇인가

일구사팔년
반쪽정부가 싫다고
단독정부가 싫다고
외치던 제주시민들을 무참히 학살한 4월 3일

저항하다
저항하다
학살에 죽은 남정네들
8할 이상이 죽어 과부마을 된
정랑 4개 보여주는 아픈 사연

눈물을 삭여 한을 삭여
항아리에 오미자로 삭여
억새짚 9년 된 억새짚
암환자를 살리는

요양마을이 되었다네

이 깊은 설움의 역사에
살아남은 과부들과 아이들과
서로 나누고 사는 성읍마을
목숨 살릴 보양처 되었다네

2002. 3. 1

지워진 희망

서울대전철역에서
413번 마을버스를 타고 대학 구내를 거슬러
올라가면 종점에 서울대 공학관
그 아래
계단이 있다

관악산을 오를
능선코스 가는 길목
파란 하늘색으로
한반도를 그려놓은
하나 된 조국의 지도와

옆에 좌우 나란히
6

1
5
공
동
선
언…은 오른쪽에 있고

평
화
통
일
초
석…은 왼쪽에
선명했었다

정성어린 염원처럼
아름다운 화폭이었는데
오르는 발길 가벼웠는데

오늘
잿빛 하늘 아래
말끔히 지워져
선명한 그 자태 볼 수 없으니
누가 지웠을까?

2002. 10. 12

분쇄기 앞에서
- K 지부장의 정리

자본의 회유 협박에
민주노조를 재건하지 못하고
투쟁의 기록들
눈물의 서명지들
비탄의 기록들을 분쇄한다

분쇄할 저들의
음모와 불법
파렴치 비인간적인 만행을
분쇄하지 못하고
우리들의 회한을 분쇄한다
우리들의 슬픔을 분쇄한다
우리들의 분노를
분쇄한다
쓰러진 민주노조의 기록들
분쇄한다

2002. 12. 5

D 등급을 보고

인사고과에
덩그마니
D
가장 낮은 등급
업무실적은 전국3위 본부2위인데
등급판정은 D다

누가 누구에게
판정한 것이냐

민주후보를 밀고
민주후보를 찍은 결과

슬픈 현실이지만
자랑스러운 하등급이다

고과한 자는 영전이라며 웃으며 나간다

2003. 2. 17

찬사를 버려라

국화옆에서를 외고
그의 시를 보던 학창시절이 있었다

아무도 그때
그가
친일작품 10편-
평론1편, 시4편, 단편소설1편, 수필4편, 르포1편.

다쓰시로 시즈오로 창씨개명하고
 - 일장기 앞에서 나는 그 받은 깃대에 국기를 한번 꽂아보고 싶어서 견딜 수가 없었다. 나는 오히려 땀까지 흘려가며 벽장 속에서 국기를 꺼내어 그 깃대에 매었다 - 는
그의 적극적인 친일행위를,

종천순일從天順日, 하늘의 뜻을 따라 일본에 순응했다며
식민지 조선청년들을
일제의 전쟁터로 내몰아 전쟁의 제물이 되도록 부추겼던 그의 죄악을
알려준 자는 없었다

모든 찬사 뒤에 숨겨진 은폐를
가르쳐주지 않고 참회하지도 않고

마술사니 거봉이니
찬사만이 시야를 가렸다

그 후
건강한 입으로
1981년 대통령후보 지원연설을 하고,
1987년 6월 4.13호헌조치를 구국의 결단이라며
지지성명을 냈던
그의 오욕의 행각을 더 이상 은폐하지 말고
찬사를 버려라
그리고 그에게 준
훈장도

2000. 12. 25

진압鎭壓

철근을 대통 속에 감추어 투드려 패는
철근 대통
대통 철근

다리공사판에서 올라와
경찰 백골단의 손에 들어가

통일염원 때려 눕히는 무기로

1992. 8. 18

공감共感

- 값비싼 체험장

집도 절도
남편도 아내도 자식도 없는
노숙자들은
이 추위에 어떻게 지낼까요

파업 이틀 만에
비닐하우스 안에서 살펴보는
우리들의 공감

폐쇄된 파업장에서
파업에 불참한
미안함에 몰래 사들고 오는
팩소주 마시며 느끼는 우리들의 공감

우리들은 돌아갈 곳이 있잖아요
노숙자들은
늘 이 추위에
어찌 지낼까요?

2000.12.17-12.22

나무판 틀에 새긴 삶
- 황재형 화백 작품전에

내가 광부로 있을 때
일천오백미터 지하 막장에서 버려진 삽
안고 와 드리니
어느 때 환한 전시장에 그 삽이 걸어 나왔다

내가 굿일 놓고 나온 뒤로
아직도 태백에 푸릇한 가슴으로
질 흙과 뉠 땅을 일구다가

오늘 인사동 골목에
열 살 적 내 껌정 고무신과
한 오년쯤 문질러 쓴 금간 나무 빨래판과
닳고 닳은 물지게, 똥지게 등판과
자전거 바퀴 도롱태를 내놓고

불 질러 몸 사룬 젊은 광부의 넋을 기리고
깨진 거울 속에 들어앉은 울부짖는 모녀와
도끼든 광부의 도끼날처럼 우뚝 서서

저 세발자전거 갖고 노는 아이들
돌보는 이 없는 우리들의 잠긴 집터에도

우리를 가두는 틀 속의 분노
그 울분의 눈빛으로

줄다리기하는 아이들과 옹기종기
아금박스럽게 살아야 하는 우리 아이들과 아내와

스물두 살 꽃다운 젊은 여학생이
최루가스에 숨져간 뒤로
길굿으로 달래어 묻히는 날
오늘
황재형 선생 작품
그 깊은 눈을 본다.

1991. 6. 12

묵자구墨子句를 쓰며

한 장에 백 원하는 화선지에 한 백장은
버렸으리라
쓰고 또 쓴다
갈라져가는 붓 추스리며 쓰고 또 쓴다
종이를 접고 먹물을 찍고 쓴다
이겸위정以兼爲正
묵자구를 쓴다
두루
고루
평등으로 바꾸려
실천하며 싸웠던
기원전 5세기의 사상가
묵자구 경구를 쓴다

하늘의 뜻이 서로 돕고 사랑하라고 했으니
사람들끼리 이웃끼리
나라끼리 서로 싸우지 않고 살라고 외친다
겸이애지兼而愛之
겸이리지兼而利之
이 참얼을 이어 쓰는데
그 얼자리에 놓고 쓰려는데
글자와 글자 사이 버긋하고

글자 하나하나 붓끝의 힘살
붓살이 시원찮아
화선지 떨어져 초배지로
이겸위정以兼爲正 다시 쓴다
두루 온누리 고루 바룰 때까지
나의 붓살
활개칠 때까지 묵자 얼 새겨 쓴다

1992. 6. 6

3부

●

별빛으로 키질하며

서울의 논

내가 사는 방화동에서 시내로 나드는
공항로 양 켠에
녹색지대
탁 트인 논이 있다.

바람결에 사운대는
아직 여린
벼 잎새들의 물결과

그 너머 하늘
뭉실구름과

섭씨 33도의 날씨에도
5분간의
풍요로움!

1995. 7. 26

요천수 둑에서

나즉이 가라앉은 잿빛 벌판
요천수 부푼 물결 끼고
황금빛 노을아래

7순 장인장모님 아래
자식들과 사위들과
오남매 여름휴가

뉘엿뉘엿 저 남원 금지쪽 산허리
맴도는 햇살과 하얀 구름과
푸른 하늘과
너른 들녘과 더불어
발그레 물든 술잔

1993. 8. 10

향그러운 길은

향그러운 길은 꽃길 때문만은 아니다
길가는 길목에서
정성으로 합장하고 안내하는
길잡이와

가열찬 수행으로
은은히 가슴 파고드는
청화큰스님의 법문과

방안 가득
숙연히 경청하는
불자들의 마음자세와

돌아가는 이들에게
다소곳이 합장하는
저 길잡이들의 향내에 더욱 취하나니

1999. 4. 18 : 서초동 정토법당에서

아름다운 마무리
- 보월행이 가꾸는 홍수련紅水蓮을 보고

우리가 살만큼 살다가
쪽빛 가을하늘처럼
눈부시게 맑은 날에

성성한 모습 그대로 안고
제 삶을 마감하는
저 홍수련처럼
마무리하면 좋겠다

바람이 쌀쌀한 날에도
아직 햇살 받아
꽃 피우고 있으니

뿌리에 차오르는 물 속에
다시 고개 숙여
꼿꼿이 꽃을 피우다

때가 되어
추하지 않게
제 몸 온통
절로 물속에 잠겨

찬란한 그대로 생을 마감하는
그리고
다시 이어진 다른 뿌리에
거름이 되고 마는

저 소담스런 홍수련처럼
마무리하면 좋겠다

2001. 10. 2

굴암리 느티나무

나 여기 그대로 서 있었네

그대들 다 떠난 이 마을
모롱이에서
백년 이백년 삼백년 오백년 동안
난
그대들을 지켜 보았네

나의 팔다리가 커서
그늘의 품이 늘어나도
점점 더 다가오는 이 없고
다들 멀리 떠나고 있으니

나는 그대로 여기 서 있네
이 마을 환히 내려다 보면서
묵은 논 묵은 밭
손길 없이 잡초 우거지고 있음을
나 여기 그대들의 그늘이 되어도 좋으련만

나 여기 홀로 그대로 서 있네

오백년 동안

적막강산에 홀로
뻐꾸기소리와 함께
여기 그대로

어느 나그네 지나가다
안아줄 때
기뻐 활개를 치리라

2002. 6. 1

가을걷이

1. 앵두퐅을 따며

잘 익어 말른 것은
물에 좀 당궜다가
부풀려 밥에다 넣먹고
새파란 놈은 바로 까서
밥으다 넣어서 먹으라-이-

어머니
어찌서 앵두퐅이대요?

알이 앵두같이 생겨서 그렇지
맛이 좋단다

쪼끔만 갖고 갈래요 어머니
딴놈 다가꼬 가라
귀헌 것잉게
또 따면 됭게 다 갖고 가

* 앵두퐅: 앵두팥
* 당궜다가: 담갔다가

2. 짚푸락 날르며

나락 다 거두고 남은 짚푸락
적막한 들녘 한가운데에서 나른다.
두레일 노래소리도 없어
가을 햇살로만 빛나 제 빛깔을 내는
억새꽃이라도 없다면 어쩔까
이 파아란 하늘 아래
품값도 나오지 않을 일
짚푸락값이라도 받을까
팔 걱정하며

기계로 탈곡해버려 성하지 않아도
버릴 수 없는데
나락 알곡도 아닌 짚다발
한 필지 17만원을 벌기 위하여
하루품 5만5천원의
사흘품은 족히 들어야 할 일
어머니와
짚푸락다발 나른다.

3. 걱정

뒷문을 여니 주먹감 주렁주렁
노란감 보기만 해도 부풋한 홍시
자글자글 끓인 호박대국이며
되게 바쁜 때 막 지나
하루 쉬러 내려온 아들에게
어머니는 무엇을 주시려는지
많이만 먹으면 좋아하시며
일주일만 구완하면 니 살 좀 붙을 턴디
하신다.

4. 오십년 전 기억

그 전 어렸을 적
너그 외하나씨와 논에서 일헐 때
모폭 새로 창기가
손바닥만헌게 많았단다
또랑에 새우도 한바가지씩 건고 그랬지
어머님의 50년전 추억

* 창기: 참게
1995. 10. 23

꽃소식

울안 연못에 홍수련 꽃피어
향내 진동하고 있어
백수련도 샘나서 피어
자랑하고 있는데
어떻게 전하지?
이 향기를

사진을 보내면
오고 싶지 않겠지
그냥 소식만 전해야
궁금해서 찾아오겠지?

그리고
연못에 두꺼비가 살고 있어
언젠가
이뻐서 안아주고
뽀뽀해주었더니
도망쳐버렸어

2002. 5. 30

모정母情

여름휴가 날 받아
마당 가득
자식 손지들 웃음소리로 사흘 보낸 뒤

빗장 대문가
허청에 걸어 둔 마늘 내려
더 남으란 말 못하고
어서 어서 갈 짐 챙기라며

자식 걱정으로 굵어진 손 놀려
큰아들꺼부터 오남매 제금제금 몫
조마니 조마니 담아
내려오지 못한 둘째딸 안 잊혀서
꼭 갖다 주라고 다짐 주시는 장모님

조선 강토의 험한
역사처럼 허리 굽어
결코 빈 땅 놀리지 않고
바지런히 늘 바쁜 손이여

봄부터 키운 세 마리 닭도
새끼들 먹여

텅 빈 닭장 옆에 쪼그려 앉아

뭐든지 주고 싶은
손길 놀리고 계시는 일흔 여섯 여장부

이제 휭 다 떠나면
지나온 세월만큼 진해진 그리움으로
빈 마당가 더 서성거리실텐데

인제 우리는 노인 잉께
걱정 안히도 된디
자네들 지발 항상 조심혀 이-잉

말없이 흔드시는 손 너머로
출출이 내리는 빗방울...

1995. 8. 9

춘란春蘭

다소곳이 고개 숙여
벙그러질 꽃눈으로
하늘과 땅의 강줄기 잇고 있네

1984. 4. 6

고추잠자리

티끌 다 지운 창공을
어진 꿈 하나
날개 끝에 묻히고
그저
섯
는
듯
나는
고추잠자리

나는 듯
선
고추잠자리

1999. 7. 15

꽃길 따라

4월엔
나도 잊고 세월도 잊고
꽃이 피는 길 따라
섬진강 물길 따라 흘러야것드라

울도 없는 산기슭에
동백이며 산수유
진달래며 벚꽃
제각각 어김없이 피어 향내 펴져

좀 다냥해지면
수수꽃다리 철쭉
조팝도 피고 지고 또 피고 지는데

꽃달 저물어
꽃 품새 늘어
뿌리 더 깊어지나니

발걸음 나들면 지천에 피어 있는
민들레, 씀바귀, 제비꽃 무리들 미소와

떡갈나무, 물푸레나무, 은행나무 잎새들

연두빛 함성을 따라

가면 오고
오면 가는
무상無常의 길 우에
꽃길로 흘러야겄드라

1999. 5. 2

한라산행
- 느영 나영 풀명 오르나니

천칠백 평원
너르라한 풀밭
억센 힘살로 버티며 부비며 안개구름 안고 오르니

"엉겅퀴야 엉겅퀴야
한라산정 엉겅퀴야 "
노오란 날침으로 환하게 맞네

한줌 펴면 안개바람으로 사라질 걱정
풀벌레 소리로
오늘만은
오늘만은
한라 순정의 가슴에 안겨
제주만한 가슴에 안겨
사뭇 샘줄기 따라

"느영 나영
 풀명 살명
 얼름 깨치옵서"

산우로, 산우로

허튼 생각 풀어
청정고고淸淨孤高
숨쉬는 동멩이에도 박혀

눈길 닿는 노루랑
두루루루 어우러져 안달 없이
쇄락청정 안개인 듯

구름 걸음 따라 이슬비 맞고
오를레라
오를레라

순정 제주 한라여
한라여!

1995. 8. 30

봄

눈길 주지 않을
후미진 곳에서
난 꿈을 낳을 거예요

늘 피로한 눈빛 아래
거친 손에서
난 봄을 낳을 거예요

2000. 3. 20

새벽 보리논길 따라

보리논 고랑사이
도란도란 어린아이들의 학교길
찬서리 밟고
발길 맞춰 손잡고

구례 방광국민학교 가는 길옆엔
야무지게 보리논 꼬랑져 있고

후박나무 봉오리
조용히 냇물소리로 듣고 있으면

깨금발 집고 달려오는
아이들의 웃음소리

1995. 12. 12

월명암 가는 길

동네 뒷산보다 한 뼘 더 가파른
월명암 들목에
재잘거리며 흐르는 물처럼
우리도 그렇게 흘러 올랐다
설 쇠고 난 다음날
고로쇠나무 너도밤나무 팔목도 잡아주며
자밤자밤
살가운 눈길 밟고
웃음보 터뜨려 눈 녹이며 올랐다

늘 남에게 밀어드린 삶 그대로
75년 헌신의 발자욱 따라
오늘도 짐 지우지 않고
거친 손에 지팡이 집고
가장 앞장서 오르신다
아버님 생전 75년

처음으로 그 절정에
월명암이 있다

2001. 1. 25

연호정蓮湖亭에서

감아도 감아도 감기지 않는
풀어도 풀어도 풀리지 않는
닿아도 닿아도
닿지 않는
아득한 곳에서
써도 써도
없어지지 않는
연호정 바람결은
그저 웃고만 있다

2006. 6. 25

당몰샘

구례 상사리上沙里엔
샘이 있다.

사방 대여섯 자
정방천正方泉 곧은 샘터,

'천년고리千年古里
감로영천甘露靈泉'

향그로운 청풍淸風만이
샘가에 돌고,

얼씨구나
상사듸야
의기투합意氣投合의

한국 제일 장수마을 상사리
당산나무 마을샘
당몰샘.

지리산 그 장엄한 정수精髓가
여기 감로甘露되어

이 변함없는 청정고향淸淨故鄕
자수慈水로 솟아나고 있다.

---

* 한국제일의 장수촌 당몰샘 감로수를 마시고

2006. 6. 25

완월송玩月頌

추공秋空에 구름들이야
어슬렁거리다 빗겨가고
안아볼 손
가득 허공
가슴 비어라

여름 내내 다듬어 정결한 자리
냇물은 숨어
발길로 흐르고

거분거분
달빛 깔고
나볏한 소나무도 둘러 앉아
먼지 다 턴 웃음
보름달처럼
환하기만 하여라

---

* 한가위 보름날 벗들이 마련한 축하자리에서

2007. 9. 25

지리산 물봉선

몸을 낮추어도
그윽히 산기운 안고
여린
분홍빛 자태
시리도록 맑은 이슬에
가을
그대로 머금어
손길 닿지 않는 깊숙한 곳에서도
의연한
지리산 물봉선

2000. 10. 21

전주식당에서

“아주머니,
이집에서 제일 잘하는게
뭐여요?“

“잘하는거요?”
…

“웃는거요”

비오는 날
청국장 끓는 훈김 사이로
피어나는
그녀의 최고 메뉴

---

* 화곡동 어느 골목에 전주식당 주인아주머니는 사글사글 붙임성이 있었다. 대개 간판과 같이 전주가 고향이었다. 올해 80이신 아버님의 조각글을 모아 오빠가 책으로 만들어 자식들이 돌려 보았다며 아버님이 농사지으시면서 짬짬이 적어놓으셨다는 글들이 모두 시였다며 아버지가 훌륭한 시인이시다고 하였다.

2007. 8. 14

백옥잠화白玉簪花

안아줄 이 없이
너는

나란히
나란히
나란히
햇살 떠

청명한 허공 거울로 씻어
하이얗게 자라온 너의 자존

반경제학反經濟學의 미소

2007. 8. 15

구름선율

저 구름
여름고개 넘어
청량풍淸凉風의 동살 안고 보는 하늘

아!
G단조 바이올린
변용자재한 선율
청공에 시누대만한 선을 긋다

저밋거리던 시절
늘 위안이었던

아!
오늘 하늘이 훤히 열리고
구름빗겨 올라

루선淚腺
맑게 가늣가늣 흐르나니

차를 타고 흐르는
구름위의 선율線律

2007. 8. 31

만다라曼陀羅

그려지나요?
그대 숨결 담아
대공 없는 붓끝으로
자취 없는 그리움
보이나요?
육신 너머
허공 가득
티끌 속의 텅 빈 우주
풀잎의 고동소리 안에
뜬 은하
그 빛 소리
부를 수 있나요?
곡조 없는 가락
새벽 귀뚜리 깰 무렵
저녁노을
젖어올 무렵
바다의 정곡正鵠에 꽂아
물결 재울 수 있나요?

2007. 8. 26

순천 송광사松廣寺에서

22년전 처음 찾을 땐
눈물 젖어 흐린 발길이었습니다

지난 삼월 평생도반과
돌다리 건너 맑은 하늘 아래
노오란 산수유 환영歡迎을
받았습니다

삼청선각三淸僊閣 아래
물길 돌다리 건너다 그
세가지 맑음을 헤아렸습니다

이번 다시
녹음綠陰길 따라
환희歡喜로 다가와

씻어난 품에 그윽히 안기었습니다
당신의 세가지 소리를 보았습니다

2007. 5. 26 - 27

두 보살님

1. 수형보살

그늘은 이미
맑아진 빛살로 지우고
늘 해사로이
눈빛 초롱한
나비 같은 자태로
용솟음치는 순수여!

2. 승진행보살

길게 드리운 활개로
자분자분
보배 엮어
내쳐 달음질로 이끄는
가을 그득
봄마당!

2007. 10. 29

하늘매발톱꽃

금낭화 잎줄기같기도 한
보랏빛 꽃을 보고 있다가
이게 무슨 꽃인가요 스님
하늘매발톱이에요
메같이 생겼지요 햇살 듬뿍 안고자라는
자상하고 선선하게 일러주시는
비구니스님처럼
이곳 윤필암 뜨락에
서늘한 기운 잃지 않고
성성히 정진하듯
정정한 빛깔
보랏빛 하늘매발톱꽃
저 하늘에서 내려오신 네 부처님
우러르며
공경하는 윤필암 하늘매발톱꽃

---

* 비구니스님이 계시는 윤필암에는 산정에 사불암四佛巖을 우러르는 사불전四佛殿이 조성되어 있다.

2006. 5. 28 : 윤필암에서

추풍낙엽

가벼지 못한 사람들 일깨우려
솜털구름 사이를 지나
아침 빛살을 가르며
현란한 몸짓으로 내려온다
낙엽들

아름다운 무희舞姬처럼
일 마치고 무대를 내려오는 배우처럼
저 텅빈 청공淸空의 찬바람 감고
내려온다

아직도 무겁게 휘감은 욕락의 땅에
가볍게 내려온다

기쁘게 마무리하는
낙엽
수희낙락隨喜樂樂하는
추풍낙엽

2006. 11. 22

자화상自畵像

달빛 아래
별눈 꿈먹거리다가
풋풋이 잎새 우 이슬방울처럼
대롱거리다가
찬비 내리는 긴 강둑따라
젖은 발길 미끄러지다가
거친 숨결 발림거리다가
쓰러져 가운거리다가
뫼부리 위 청공의 빛깔로
다금거리는 먼 먼 길
새잎 기운으로 일어나
다그쳐 가는
비울 것 없는 빈자리에서
채울 것 없는 그득한 허공에서
영원의 길 따라
그리운 임따라
새벽 눈길 닦는 이여!

2008. 3. 1

초원의 짐승을 키우듯 평생 시를 키우시길

공광규(시인)

제가 김영일 시인과 인연이 된 것은 노촌 이구영 선생님이 제자들을 기르시던 낙원동 한옥집에 둥지를 튼 이문학회에서였습니다. 이문학우以文學友 즉, 학문으로서 벗을 삼는다는 참 좋은 장소에서 그를 만났습니다.

당시 그와 저는 묵점 기세춘 선생에게 묵자를 배우고 있었습니다. 그러니 그는 나보다 나이가 많은 인생 선배이기도 하지만 같은 스승 아래서 배운 동문이고 동기인 것입니다.

성격이 소탈하고 서글서글하여 붙임성이 있는 그는 수업에 충실하였고 총무 역할을 하면서 회원들을 모으고 다독였습니다. 우리는 수업이 끝나면 술이 나오는 식당으로 몰려가 뒤풀이를 하였는데, 그는 늘 자청 타청 구성진 남도소리로 술자리의 흥을 돋구었습니다.

이런 그가 갑자기 시집을 낸다고 원고 묶음을 보내오니 반가울 뿐이며 검은 개량한복을 입고 다니던 밝은 그의 얼굴이 떠오릅니다. 사오십의 나이에도 이러한 고전 공부에 관심이 있고 취미가 있는 자라면 누군들 시의 영역을 넘보지 않겠습니까?

그의 시편들을 넘겨보니 어린 시절을 따뜻하게 풀어내기도 하고, 과거의 의절한 인물을 그리워하기도 하고, 절에 가서 편안함을 얻은 이야기를 하기도 합니다. 또 막연한 어떤 대상을 그리워하기도 하고 중추절에는 돌아가셔서 안 계신 어머니의 빈자리가 적막하여 목이 메기도 합니다. 작은 들꽃과 큰 나무와 계절과 산천의 경관을 묘사하기도 하고, 아내와 친구처럼 논두렁을 걸어가기도 합니다.

서울 발산동 논두렁
성금성금거리는 두루미와
나빌거리는 나비와 같이 걷는다

동동주도 나란히 마시고
들길 따라 둘이서

아카시아 잎 떼기
가위 바위 보

한 걸음에
한 잎 떼고
한 걸음 떼고
한 잎 폭으로

서울 발산동 논길
아내와 나란히 걷는다
들길이 되어가는 아내와 함께

- <들길 따라> 전문

이러한 것들이야 말로 우리가 시를 쓰는 진정하고 순수하고 거짓이 없는 마음, 즉 공자가 말씀하신 사무사(思無邪)의 마음일 것입니다. 사무사의 마음이라는 것이 별게 있을 라구요. 공자 자신이 편집한 《시경》 에 나오는 시들과 같은 마음이겠지요.

그러고 보니 사실성과 진정성을 바탕으로 쓰여진 김영일 시인의 시 역시 애정의 기쁨과 삶의 비애와 사회정치 현실을 사실적으로 노래한 《시경》 의 시들과 다를 바가 없습니다.

사무사의 정신은 작품에 담겨있는 시정신이 사악함이 없다는 것이기도 하고, 창작자가 사무사의 자세로 창작에 임하여야 한다는 것이기도 하고, 그리고 시를 읽는 독자 역시 시를 진정으로 받아들여 사악한 정서를 갖지 말아야 한다는 말이기도 할 것입니다.

인간은 사랑과 슬픔, 미움과 기쁨을 통해 존재를 드러내며, 이러한 인간의 순수한 서정을 탐구하는 것이 사무사의 시정신일 것입니다. 사무사는 목동이 방목할 때 소와 말을 키우는데 전심전력 하는 모습이라고 합니다.

인생의 선배이자 한학의 동문이신 김영일 시인께서 이 시집을 시작으로 초원의 짐승들을 전심전력으로 키우듯이 시를 평생 키우시길 바라고 원합니다.

그의 눈길

펴낸날: 단기 4341년(서기 2008년) 4월 5일 초판 1쇄
지은이: 김영일
펴낸이: 현상선
펴낸곳: 도서출판 비움과 채움
㊇ 132-792 서울시 도봉구 창4동 807
쌍용상가 2층 213호
전화: 02-997-0821 전송: 02-998-3622
전자주소: 72ranto@paran.com
등록: 제7-281호 (2004. 6. 7.)
ISBN 978-89-93104-11-0 03810

값 6,000원